Lf 51/6 A

grand papier

ORIGINE

DES DEUX
COMPAGNIES
DES
GENTILS - HOMMES

Ordinaires de la Maison

DU ROY.

A PARIS,

Chez Lambert Roulland, Imprimeur
ordinaire de la Reyne, ruë S. Jacques,
aux Armes de la Reyne.

M. DC. LXXXIII.

ORIGINE
DES
DEUX COMPAGNIES
des Gentils-hommes ordinaires
de la Maison du Roy.

CEUX qui ont le plus soigneusement écrit des Offices & Dignitez de ce Royaume, ne disent rien de l'Origine des Deux Compagnies des Gentils-hommes de la Maison du Roy, encore qu'ils ayent remarqué plusieurs autres choses moins dignes de memoire : Car l'on peut dire qu'il n'y a gueres d'ancienne Maison de Gentils-hommes, qui ne trouve quelqu'un des fiens enrôllé en l'une de ces Deux Compagnies, & il feroit bien plus certain & plus honorable d'en tirer la preuve de fa Nobleffe, que par des Contracts & d'autres Titres qui font moins de foy.

Ces Deux Compagnies furent inftituées en divers temps : Le Roy Louis XI. eftant à Puifeaux, le quatriéme jour de Septembre 1474. mit fur pied pour la Garde de fon corps, une Compagnie de cent lances fournies, felon fa grande Ordonnance, chacune d'un homme d'armes, & de deux Archers : & en donna la conduite à Hector de Golart Efcuyer, fon Confeiller & Chambellan, pour la mener au païs de Rouffillon, & de Catalogne, où eftoit fon armée. Et parce qu'elle fut faite la plufpart des Gentils-Hommes de fon Hoftel, ou penfionnaires : elle fuft appellée

la compagnie de cent lances des
Gentils - Hommes de la Maiſon du
Roy, ordonnez pour la Garde de
ſon corps.

Par les Lettres de retenuë dudit de
Golart , en cét eſtat de Capitaine
(ainſi s'appelloient lors les provi-
ſions) le Roy luy ordonne douze
cens livres de gages par an, & trois
cens ſoixante livres pour ſa place
d'homme d'armes, à raiſon de trente
livres par mois ; qui eſtoit la ſolde que
chaque homme d'armes recevoit pour
ſoy, & pour les deux Archers, qu'il
montoit & armoit à ſes dépens. Ledit
ſieur Golart euſt pouvoir de choiſir
les cent Hommes d'armes, & deux
cens Archers, & de les faire payer
pour le temps qu'ils auroient ſervy,
ſans eſtre tenu d'en faire montre ny
reveuë pardevant les Mareſchaux de
France, ny aucuns autres Commiſ-
ſaires, mais par ſes ſimples Ordon-

ñances & certifications, & de les changer, oster, & en mettre d'autres en leur lieu, comme il jugera meilleur.

Aprés le decez d'Hector de Golart, le mesme Roy par ses Lettres Patentes données à Tours le dixiéme Juin 1475. retinst (c'est comme on parloit) en l'estat de Capitaine de ladite Compagnie, son amé & feal cousin Conseiller, & Chambellan, Louis de Graville Escuyer Seigneur de Montagu, aux mesmes gages & droits que son predecesseur : voulant toutesfois qu'aprés la premiere demye année les hommes d'armes n'eussent plus que vingt-sept livres dix sols par mois, au lieu de trente livres qu'ils avoient coutume de recevoir : Mais aussi qu'ils ne seroient plus tenus d'avoir aucuns Archers, & que les cinquante sols de surplus seroient

payez audit Sieur de Montagu, fur
fa fimple quittance, pour employer
à l'entretenément du nombre d'Archers, que le Roy voulut dés - lors
eftre ordinairement prés fa perfonne: De la conduite defquels, ledix-
huitiéme Janvier 1477. il déchargea
ledit Sieur de Graville, & en pour-
veuft, Hervé de Chauvay, fon Con-
feiller, & Chambellan, fous le titre
de la Compagnie de deux cens Archers de la petite garde de fon corps,
pour la difference de l'autre, que l'on
appelloit la Compagnie des cent lances des Gentils - hommes de l'hoftel
du Roy , ordonnez pour la grande
Garde de fon corps, ou des cens Gentils-hommes de la Garde du Roy ,
ou des Gentils-hommes de la maifon
du Roy, & depuis la creation de la
feconde , quelquefois avec ce mot
d'Ordinaires, ou de l'ancienne Bande; ainfi furent inftituez les Capi-

taines & Archers de la Garde du Corps. Mais depuis en l'an 1487. Charles V I I. adjouſtant cent ſols auſdits vingt - ſept livres dix ſols, fiſt par mois trente deux livres dix ſols pour chacun deſdits hommes d'armes.

Or encore que par leurs lettres de proviſion les capitaines des cent Gentils-hommes, eüſſent l'authorité que j'ay ditte, il ſe trouve pourtant qu'ils ne l'ont pas toujours exercée. Jacques de Myolans en vſa plus que pas un, & donna ſes Lettres de proviſion à quelques uns deſdits Gentils-hommes. Mais les Roys y ont pourvû à la pluſpart; il ſemble que ceux que l'on admettoit en ces places, eſtant de grande maiſon, deſdaignoient de recevoir cette qualité d'autre que des Roys, qui bien ſouvent la donnoient en recompenſe de ſervices ſignalez.

Et pour preuve de l'eſtime en la-
quelle

quelle estoit dés sa creation cette
compagnie , le Roy commit Mon-
sieur de Bouchage son favory , &
Pierre Cleret son premier Maistre
d'Hostel , à faire la reveuë de ladite
Compagnie , & en l'an 1422. , il
en retrancha deux Gentils-hommes
pour estre soupçonnez de mauvaise.
maladie , & en remit d'autres en leurs
places , & de plusieurs decedez.

Enfin cette Compagnie croissant
en honneur & en merite , les Roys
en prirent l'entiere disposition , &
en donnerent la charge aux Seigneurs
plus recommandables du Royaume.
Elle n'eût pas au commencement les
mesmes gages , ny de Lieutenant , ny
d'Enseigne comme à present. Les Capitaines quelquefois donnoient leur
Lieutenance à un de la Compagnie ,
auquel les autres n'obeissoient pas vo-
lontiers. Car plusieurs Gentils hommes estoient employez sur le rolle

avant eux & à pareils gages : ce qui faitc roire que ce Lieutenant n'eſtoit que commis par le Capitaine, & non pas Officier de Roy. En effet, il n'a eſté bien arreſté dans les Eſtats que depuis l'an 1539. & l'an 1563. aux gages de 500. francs, & les Gentils-hommes à 400. .ce qui ſemble avoir eſté fait lors que la ſeconde Compagnie fut créée. Car la premiere s'eſtant renduë illuſtre & neceſſaire, cette ſeconde eut ſon commencement plus certain,& plus avantageux par le merite de l'autre, & deſlors elle fut complette ; & du nombre de Gentils-hommes, & aux meſmes gages qu'ils ont à preſent.

Elle fuſt inſtituée par le Roy Charles VIII. en Janvier 1497. peu de temps auparavant ſa mort : Et au mois de Juillet ſuivant, 1498. confirmée & établie par le Roy Louis XII. ſous la Charge de ſon Couſin

Jacques de Vendofme, Vidafme de Chartres, aux mefmes gages pour le Chef que celuy de la premiere Compagnie. Mais pour la place d'Homme-d'armes & des autres, à raifon de quatre cens livres par an. On l'appelloit au commencement des Gentils-hommes extraordinaires pour la Garde du Corps du Roy, ou Penfionnaires : Mais depuis 1570. ils font appellez concurramment avec les autres de la premiere Compagnie, Gentils hommes ordinaires de la maifou du Roy. Cette diftinction d'ordinaires & extraordinaires, procedoit de l'opinion de ceux qui dreffoient les Eftats, & des Officiers de la premiere, qui penfoient avoir quelque avantage fur les autres par l'ancienneté de leur création, jufques à ce que le temps enfeigna aux uns & aux autres que l'ancienneté non de l'Office, mais de l'Officier, eft confiderable en mefme charge.

Quant à l'ordre du fervice qu'ils faifoient, il fe voit par l'Ordonnance du Roy Henry III. du premier jour de Janvier 1585.

Sa Majefté ordonne que les deux cens Gentils-hommes de fa Maifon, ferviront par chacun quartier prés de fa perfonne, à fçavoir pour le prefent quartier de Janvier, le plus ancien pourveu des deux Capitaine, avec fon Enfeigne, & cinquante de fa Compagnie. Pour le quartier d'Avril l'autre Capitaine & fon Enfeigne, avec cinquante de fa Compagnie. Pour le quartier de Juillet le Lieutenant de la premiere Compagnie, & les cinquante qui n'ont point fervy. Et pour le quartier d'Octobre, le Lieutenant de la feconde Compagnie avecles cinquante Gentils hommes reftans.

Le premier jour de chacun quartier

le Capitaine ou Lieutenant entrant
en charge, prefentera à fa Majefté
les cinquante Gentils - hommes de
fervices, & les luy nommera : les de-
faillans perdront leurs gages.

Sa Majefté veut qu'ils foient payés
de leurs gages, & appointements
par chacun quartier, & à cet effet
fera bailler à leur Treforier bonne
affignation dés le commencement de
l'année.

Veut fa Majefté qu'aucun defdits
Gentils-hommes ne foit penfion-
naire, ny domeftique de qui que ce
foit; ordonne dés à prefent que ceux
de cette condition foient caffez Et
défend aux Capitaines de n'enroller
en leurs Compagnies que Gentils-
hommes de la qualité requife, lef-
quels à cette fin ils luy prefenteront
auparavant que de les recevoir, ainfi
qu'il eft dit.

Veut auffi fa Majefté que les

Gentils-hommes eſtant en quartier, ſe trouvent en ſon antichambre dés les ſix heures du matin, pour l'accompagner avec leurs haches comme ils ont acouſtumé, juſqu'à ſon diſner, & l'apreſdiſnée juſques au ſouper.

Toutes les fois que leſdits Gentils-hommes accompagneront ſa Majeſté, avec leurs haches, ils ſe mettront en haye de chacun de ſes coſtez, le Capitaine ou celuy qui commandera, ſera le premier & le plus prés d'elle à main droite ; & à la main gauche un autre chef ou le plus ancien des Gentils-hommes.

Si ſa Majeſté eſt à pied, ceux deſdits rangs qui ſeront à coſté d'elle, ne paſſeront point en arriere le pommeau de ſon eſpée ; Et ſi elle eſt à cheval, ne ſe tiendront point plus en arriere que la pointe de ſon pied.

Les Capitaines, Lieutenans, En-

feignes , & les cinquante Gentils-
hommes qui feront en fervice, non
feulement fe rendront fujets prés de
fa Majefté , mais auffi ne fuivront
ou n'accompagneront aucune autre
perfonne.

Aucun ne fera payé qu'il n'ait
eu toute l'affiduité poffible durant
fon quartier, dont il fera tenu de
raporter certificat du Capitaine ou
Lieutenant qui aura fervy , pour eftre
payé par le Treforier , auquel il eft
défendu de leur payer aucune chofe
qu'en vertu du Rolle , & du Certificat qu'il raportera fur les comptes
avec leur quittance.

Enjoint fa Majefte tres expreffé-
ment aufdits Gentils-hommes chacun endroit foy , d'obferver de point
en point tour le contenu cy-deffus ,
fur peine de caffation, & aux Capitaines d'en répondre fur leur honneur.

Voila la création de ces Deux Compagnies, & les Reglemens que l'on avoit faits pour leur discipline: Mais comme le service n'avoit pas toûjours esté assidu, & que les Gardes du Corps l'ayant emporté pour la residence auprés de la personne du Roy, il y avoit eu beaucoup de relâchement pour le choix des personnes. Le Roy Louis XIII. suprima ces deux Compagnies, par sa Declaration du 21. May 1629. & reserva seulement aux Capitaines leurs Gages pendant leurs vies : Cette supression dura jusqu'en 1649. auquel temps, il plût au Roy, pour signaler les commencemens de son heureux Regne, & par présage de sa Grandeur, de restablir ces deux Compagnies au mesme estat qu'elles estoient auparavant leur supression, & depuis elles ont toûjours servy aux grandes Ceremonies, avec le mesme mefme rang qui leur eft deftiné par leur création.

C'eft ce qui fe trouve de l'inftitu-tion de ces deux Compagnies, à quoy j'ay crû devoir ajoufter la fucceffion des Compagnies. Et pre-mierement.

Hector de Golard Efcuyer, Con-feiller & Chambellan du Roy Louis XI. pourvû par luy de l'eftat de Capitaine de la premiere Compa-gnie lors qu'elle fut créée le qua-triéme jour de Septembre 1474.

Loüis de Graville Efcuyer, Sei-gneur de Montagu, Confeiller & Chambellan du Roy, (il l'appelle fon coufin) fut pourvû le dixiéme Juin 1475. par le decez dudit fieur de Golart.

Thiebault de Beaumont Seigneur de la Foreft, Ecuyer, le dix-huitieme Septembre 1481. par la dépoffeffion dudit fieur de Graville.

C

Clâude de Montfaucon Ecuyer ,
pourvû le quinziéme May 1482. par
la décharge dudit de Beaumont.

Jacques de Myolans & d'Anjou,
Conseiller & Chambellan du Roy
Charles V I II. (il est appellé son cousin) fut par luy pourvû le treiziéme
jour de Mars 1489. par la mort dudit de Montfaucon.

Yves sieur d'Alegre , fut pourvû
le cinquiéme jour de Mars 1495.
par la mort dudit de Myolans.

Huës d'Amboise, Seigneur d'Au-
bijoux Chevalier de l'Ordre, fut
pourvû par le Roy Loüis X I I.
en l'an 1500. au lieu dudit sieur
d'Alegre.

Guy d'Amboise sieur de Ravel ,
fut pourvû au lieu dudit Huës, au
commencemene de l'an 1502.

Loüis d'Orleans Duc de Longueville, Marquis de Rothelin , grand
Senéchal & Gouverneur du Comté

de Provence, fut pourvû dudit Eſtat de Capitaine, onziéme Janvier 1588. par la mort dudit de Ravel.

Monſieur de Saint Vallier, fut pourvû dudit Eſtat de Capitaine par le Roy François Premier, au mois de Janvier 1515. au lieu dudit ſieur Duc de Longueville.

Loüis de Vandôſme Vidaſme de Chartres, Prince de Chabanes, Chevalier de l'Ordre, Conſeiller & Chambellan ordinaire dudit Roy Fançois, fut pourvû en Janvier 1523. au lieu dudit ſieur de Saint Vallier.

François de la Tour, Vicomte de Turaine, Chevalier de l'Ordre, fut pourvû le quinziéme Juin, 1527. au lieu du Vidaſme de Chartres.

Loüis Monſieur de Nevers fut pourvû en Octobre 1532. en la place du Vicomte de Turaine.

Claude Gouffier sieur de Boissy, Chevalier de l'Ordre, Grand Ecuyer de France, fut pourvû en Janvier 1546. au lieu dudit sieur de Nevers.

Albert de Gondy Comte de Raiz, fut pourvû par le Roy Charles IX. le douziéme de Decembre 1571. au lieu dudit Gouffier.

François le Roy, Comte de Clin-Champs, sieur de Chavigny, par la resignation dudit sieur de Raiz, fut pourvû en Janvier 1575. par le Roy Henry III. il quitta la charge de Capitaine des Gardes pour monter à celle-cy.

Jacques de la Trimoüille Marquis de Royan, par resignation dudit sieur de Chavigny, pourvû le dixiéme jour de May 1594. par le Roy Henry IV.

George de Babou sieur de la Bourdaiziere, Chevalier des Ordres du Roy, pourvû par décez dudit

Marquis de Royan , le douziéme
d'Aouſt 1603.

Georges de Babou , ſieur de la
Bourdaiziere , pourvû par la mort
de ſon pere, le   1607.

François Nompart de Caumont,
Comte de Lauzun, Chevalier des
Ordres du Roy & Conſeiller d'E-
tat , 1615.

Gabriel Nompart de Ca mont,
Comte de Lauzun ſon fils , par dé-
miſſion dudit Seigneur ſon pere, le
25. Novembre 1616.

Antonin Nompart de Caumont
de Lauzun, pourvû par la mort du
Seigneur ſon pere , en 1660.

CAPITAINES
de la seconde Compagnie.

AU mois de Janvier 1497. le Roy Charles VIII. inſtitua une ſeconde Compagnie de cent Gentils-hommes de ſa Maiſon, ſous la charge de ſon couſin Jacques de Vendoſme, Vidaſme de Chartres.

Loüis de Brezé, Comte de Maulevrier, grand Senéchal de Normandie, au lieu du Vidaſme, fut pourvû le dix-ſeptiéme Septembre 1510. par Loüys XII.

Jean de Crequy, ſieur de Canables Chevalier de l'Ordre, pourvû au lieu du ſieur de Brezé en la fin de l'année, 1527. par le Roy François I.

Jean de la Tour, Vicomte de Turaine, pourvû par le decez du sieur de Crequy, au commencement de l'année 1554. par le Roy Henry II.

Loüis de Bueil, Comte de Sancerre, pourvû en la fin de l'année 1556. par la mort du sieur de Turaine.

Loüis de Saint Gelais, sieur de Lansac, en l'an 1568. par le Roy Charles IX. au lieu du sieur Comte.

Jean de la Val, Marquis, fut pourvû le dix-septiéme Avril 1578. par resignation du sieur de Lansac, par le Roy Henry III.

Antoine de Ponts, Comte de Marennes, Chevalier des Ordres du Roy, pourvû le 21. Septembre 1578. par le decez du sieur Marquis de Nesle.

Nicolas d'Angennes sieur de Rambouillet, Chevalier des Ordres du Roy, ayant quitté l'état de Capitaine des Gardes du corps, fut pourvû au mois de Janvier 1587. par le Roy Henry III. de l'état de Capitaine des cent

Gentils-hommes ; par le decez du
ſieur de Ponts. Il obtint la ſurvivan-
ce au nom de Charles d'Angennes
Vidaſme du Mans ſon fils, de Henry
IV. mais depuis enſemble ils reſigne-
rent l'Office au ſieur Champier.

Scipion de Champier Marquis de
Vaux, fut pourvû de la charge le 5. Fe-
vrier 1611. par le Roy Loüis XIII.

Loüis de Crevant Vicomte de Bri-
gueil, Marquis d'Humieres, par la
mort dudit Champier, le 28. jour
d'Aouſt 1612.

Loüis de Crevant Maréchal de
France, ſous le nom d'Humieres ſon
fils commande à preſent.

DES ARCHERS
des Gardes du Corps du Roy.

PUIS qu'en recherchant la creation des deux Compagnies des
Gentils-hommes ordonnez pour la
garde du Corps du Roy, nous avons
trouvé

trouvé que celles des Archers en ont efté tirées ; Nous acheverons en peu de paroles, d'en donner entier éclaircifſement.

Le Roy Louis XI. par Lettres patentes données à Puyſeaux, le quatriéme jour de Septembre 1474. créant la compagnie des cent Gentilshommes de ſa maiſon, pour la garde de ſon corps, ordonna que chacun d'eux auroit trente livres par mois pour ſes gages, & l'entretien de deux Archers, Mais l'onziéme Juin, 1475. par autres letttes données à Roüen, il defchargea les Gentils-hommes des deux Archers que chacun devoit avoir : & leur rabatit cinquante ſols de leurs gages par mois. Et comme il eſt dit en l'autre Chapitre, il en fit une Compagnie à part de deux cens Archers, qu'il nomma de la petite garde du corps du Roy, dont il laiſſa la charge à Louis de Graville fieur de Montagu, Capitaine defdits cent Gentils hommes : voulant que ces deux cens Archers fuffent payez de quartier en quartier, par les ordonnances dudit fieur de Graville: à raifon de fept livres dix fols par mois, à commencer du premier jour du mois de Juin 1475. Depuis à Lyon le dix-feptiéme Avril 1476. il commit Morelot du Mufcau Treforier, payeur defdits cent Gentils-hommes à faire le payement defdits deux cens Archers de la petite Garde de fon corps nouvellement mis fous la charge du fieur de Montagu; Et que les deniers revenans bons & reftans des gages des Archers défaillans à fa monftre, fuffent payez par fes ordonnances aux Archers qui auroient fervi; tant en augmentation de leurs gages, que pour leurs armes, ou autrement, ainfi qu'il adviferoit.

Mais ayant reconnu qu'il feroit

mieux servi de ces Compagnies de Gentils-hommes & Archers, si elles estoient separées, & sous differents Capitaines, puisque lesdits Gentilshommes ne fournissoient plus d'Archers; il deschargea le sieur de Gravile de la conduitte de ces deux cens Archers de sa petite garde ; Et en donna la charge à Hervé de Chauvay son Chambellan, par lettres du dix-huitiéme Janvier 1477. commettant leurs payemens de dix livres par mois chacun, à François Gautier Notaire & Secretaire du Roy ; Les lettres dudit Chauvay furent addressées aux Mareschaux de France, pour prendre le serment de luy , comme par son attache André de Laval Sieur de Loheac, Mareschal de France, certifie avoir fait.

Or comme dit l'Histoire, le Roy Louis XI. devenant soupçonneux & solitaire , il ordonna une nouvelle

Compagnie de cent Archers de la nation Françoise pour la Garde de son
corps environ la fin de 1479. desquels
il fit Capitaine Claude de la Chastre
sieur de Nançay qui resigna au mois
de Juin 1529. à Joachim de la Chastre son fils, qui commandoit encore
lors de la mort du Roy François Premier.

En la fin de l'an 1482. le dixiéme
jour de Mars, le mesme Roy par la
descharge de Chauvay, pourveut
Jacques de Silly, de l'estat de Capitaine des deux cens Archers de la petite Garde de son corps.

Et le vingt troisiéme Juin 1491.
Jacques de Cursol, fut pourveu de
l'estat de Capitaine des deux cens
Archers, par le Roy Charles VIII.
à la descharge du sieur de Silly.

Outre ces trois cens Archers de la
Garde, le vingt-huitiéme dudit mois
de Juin audit an 1491. le Roy Charles

qui méditoit le voyage de Naples, &
aymoit le Baron de Myolans Capitaine defdits cent Gentils-hommes,
luy adjoufta cent Arbaleftriers à cheval, defquels après luy fucceffive-
ment eurent la conduite les fieurs
d'Alegre, & le Vidafme de Chartres
Capitaines des cent Gentils-hommes.
Il ne paroift point que ces Arbaleftriers ayent efté entretenus apres fix
mois depuis la mort dudit Charles
VIII. finon qu'ils accompagnerent
le Roy Louis XII. à fon Sacre.
Le vingt-feptiéme Mars 1514. trois
mois aprés que le Roy François I.
fut parvenu à la Couronne; il fit une
nouvelle Compagnie de foixante Archers pour la garde de fon corps, qu'il
voulut eftre compofée des trente
qu'il avoit auparavant qu'il fût Roy,
de vingt de la bande du fieur Curfol
& de dix de celle du fieur Nançay,
defquels foixante Archers il donna la

charge à Raoul de Vernon fieur de Monftreüil Bouyn ; & aprés fa mort qui arriva le dernier Septembre 1516. à Louis le Roy fieur de Chavîgny, luy adjouftant quarante cinq Archers encore de la bande dudit fieur de Curfol, pour faire le nombre entier de cette Compagnie de cent cinq Archers, compris les membres & le Trompette.

Et au mois d'Aouft en fuivant que l'on contoit 1515. le Roy eftablit deux cens Arbaleftriers à cheval, en deux bandes, chacune de cent homme, fous la conduitte de Guy Legat de Maugeron, & de Hardoüyn dit le petit Coffé, pour le fervir de Gardes de fon corps, avec les deux cents Gentils-hommes de fon hoftel ; Et parceque le fecond jour de cette fanglante bataille de Marignan le quatorziéme Septembre, ils firent vaillamment, & avec les Gafçons ils défient un grand nombre de Suiſſes qui s'eſtoient retirez à la faveur d'un bois ; le Roy eſtant à Pavie, en Octobre pourveut leſdits de Maugeron & de Coſſé Capitaines, chacun d'un eſtat de Gentils-hommes des cent ordinaires de ſon hoſtel, à quatre cens livres de gages : le premier ſous la charge du ſieur de ſaint Valier, & l'autre Comte de Maulevrier mentionnez au chapitre precedent. Et deputa Michel Clerc ſon Secretaire pour faire d'oreſnavant le payement de deux cens Arbaleſtriers, aux meſmes gages de ſix vingt livres, droits & privileges que ſouloient avoir ſemblables bandes d'Arbaleſtriers eſtants au ſervice de ſon couſin Charles VIII.

Depuis toutes ces Compagnies d'Archers & de Gardes, furent reduites aux gages qu'ils ont à preſent, & au nombre de quatre, compriſe cella

des Eſcoſſois, de cent hommes chacune, ſous quatre Capitaines François; Encores qu'auparavant les Eſcoſſois, euſſent un Capitaine de leur
nation. Mais cela fut ainſi pour
conſerver le Capitaine François dont
la compagnie eſtoit entiere, & parce
qu'entre les Eſcoſſois il n'y avoit plus
comme auparavant, des gens de cette
qualité.

Cela ſuffira maintenant pour la
declaration de l'origine des Gardes du
corps, le nombre & les gages deſquels
de tout temps, avant cette reduction
eſtoient ſi incertains, que ceux qui ſe
ſont meſlez d'eſcrire paroiſſent avoir
beaucoup lû, mais avoir peu de con-
noiſſance des affaires de France.

9 782329 026657